VORSICHT

AKTIEN

-

Aktien Buch für Einsteiger

**Was Sie beachten sollten und Warum auf
Grundlage der Markteffizienzhypothese**

Mit Börsen-ABC für Anfänger!

-

Taschenbuch Edition
2019

von

Jan-Phillip Aubing

Erste Auflage Dezember 2019
Copyright © Jan-Phillip Aubing

ISBN: 9781713029717

"Die ganze Börse hängt nur davon ab, ob es mehr Aktien gibt als Idioten oder mehr Idioten als Aktien."

André Kostolany

VORWORT

Liebe Leser! Sicher ist Ihnen schon ausgefallen, dass Ihre Bank Sie nicht beraten möchten, sondern Ihnen etwas verkaufen möchte. Welche Schlussfolgerung ergibt sich daraus in Bezug auf Ihr Aktieninvestment? Sie müssen sich selbst Wissen aneignen, um als mündiger und selbstbestimmter Anleger in den rauen Gewässern der Börse nicht unterzugehen. Doch dabei wird Ihnen erneut ein Bein gestellt. Gehen Sie in den Buchladen oder in das Internet und recherchieren Sie über das Thema Aktien und die Möglichkeiten ihr Geld zu vermehren. Oder für meine älteren Leser: gehen Sie in den Videotext der Fernsehsender und Ihnen wird vorgeschlagen, für horrende Beträge Hotlines selbsternannter Experten anzurufen.

Erneut wird versucht Geld an Ihnen zu verdienen. Diesmal werden Ihre Gier und Ihre Angst angesprochen, Ihre Emotion. Man versucht Sie zu manipulieren. Sie haben die Fallen Ihrer Hausbank überwunden und tappen in die nächste! Wenn es so einfach wäre sein Geld zu vermehren, und falls es den heiligen Gral der Aktienanlage gäbe, so würde der Erfinder nicht mit dem Verkauf von Fehlinformationen Geld an Ihnen verdienen. Nun, Sie werden sich fragen, was dieses Buch von den anderen unterscheidet. Ich sage Ihnen offen und ehrlich: tappen Sie nicht in die Aktienfalle! Anhand von meinen eigenen Berechnungen zeige ich Ihnen, was sogenannte Experten Ihnen verkaufen wollen und welche Erfolgsaussichten diese Anlagestrategien und Investmentansätze haben. Transparent stelle ich Ihnen im Detail vor, wie ich die Aktienfalle erkannt habe und wie Sie sie vermeiden können. Dabei gebe ich Ihnen etwas Theorie an die Hand, damit Sie zukünftig auf Augenhöhe die Fachpresse kritisch durchleuchte können. Passen Sie auf Ihr hart verdientes Geld gut auf. Dennoch stellt die Anlage in Aktien statistisch gesehen die lukrativste Anlageform in den letzten Jahrzehnten dar. Dieser scheinbare Widerspruch löst sich auf, wenn sie verstehen, was die Aktienfalle ist. Mit manchen Wahrheiten lässt sich langfristig nicht viel Geld verdienen, deswegen werden Sie das Wissen, von dem Sie WIRKLICH profitieren nicht in den Massemedien finden. Dieses Buch ist eine Abrechnung und Warnung mit und vor der „Finanzpornographie." Gehen Sie den nächsten Schritt und lassen Sie sich nicht für dumm verkaufen.

Inhalt

Inhalt

EINLEITUNG

Die aktuelle Niedrigzinsphase führt dazu, dass sich immer mehr Anleger nach Alternativen zu klassischen festverzinslichen Produkten umsehen. Besonders durch das Medium Internet werden ungefilterte Meinungen und Anlagetipps an die Konsumenten getragen. Handlungsempfehlungen und Börsenbriefe selbsternannter Experten oder Banken werden publiziert, um die Leser zum Handeln zu bewegen, indem ihre Angst oder Gier gezielt angesprochen wird. Dabei fehlt oft die wissenschaftliche Grundlage der aufgestellten Thesen. Die niedrige Qualität vieler Inhalte haben zu deren ironischer Betitelung „Finanzpornographie" geführt.

Dieses Buch soll sich mit der Frage beschäftigen, ob es möglich ist durch eine gezielte Auswahl von Aktien eine Rendite zu erzielen, die größer ist als die Durchschnittsrendite des Kapitalmarktes. Eine Diskussion soll auf Basis einer Diskussion der theoretischen Ansätze eines effizienten Marktes erfolgen. Zur Klärung der Fragestellung werden als Basis dieses Buches in Kapitel 1 die theoretischen Ansätze zur Kapitalmarkteffizienz erläutert. Dazu wird anhand von Begriffsdefinitionen und einer Vorstellung der verschiedenen Formen der Effizienz eine Diskussionsgrundlage geschaffen. Die anschließende Abgrenzung von passivem und aktivem Investment soll die verschiedenen Ansätze des Anlegers in der

Praxis deutlich machen. Es wird die fundamentale und die technische Analyse voneinander abgegrenzt, indem Instrumente dieser Investmentansätze vorgestellt werden. In Kapitel 2 werden zwei aktive Anlagestrategien vorgestellt und die die empirische Überprüfung darin enthaltener Ansätze erfolgt anschließend auf Basis der Analyse von Kursdaten. Dazu werden begründete Annahmen getroffen und ausgewählte Größen werden auf Korrelationen untersucht. Die Darstellung der Ergebnisse und deren Interpretation soll Aussagen über den Erfolg der aktiven Anlage generieren. Anhand von aktiv gemanagten Aktienfonds sollen die Ergebnisse der Versuche, eine Überrendite zu erzielen, untersucht werden. Mögliche Unterschiede der Markteffizienz in unterschiedlichen Regionen sollen in Kapitel 3 dargestellt werden.

Kapitel 1

Theoretische Grundlagen

1.1 Aktives und passives Investment

Die aktiven Ansätze der Aktienauswahl nutzen die Stock-Picking Strategie. Dabei wird versucht die Unterbewertung einer Aktie zu erkennen, um vom Potenzial der Wertberichtigung zu profitieren. Gezielt werden nur die entsprechenden Unternehmen in das Portfolio übernommen. Das Market-Timing versucht den optimalen Zeitpunkt bei den Transaktionen zu finden, um möglichst günstig zu kaufen und teuer zu verkaufen. Um die aktiven Entscheidungen zu treffen werden die technische und die fundamentale Analyse benutzt. Die technische Analyse versucht anhand des Kursverlaufs aus der Vergangenheit die Zukunft vorherzusagen.

Die fundamentale Analyse betrachtet wirtschaftliche Einflussfaktoren, die sich z.B. aus der Bilanz ableiten lassen, aber auch globale Veränderungen, wie z.B. politische Entscheidungen. Das passive Aktienanlage hat das Ziel, einen Index in seinem Portfolio nachzubilden. Die Grundlage dieses Ansatzes ist die Annahme, dass aufgrund von der Markteffizienz keine Überperformance zum entsprechenden Vergleichsmaßstab generiert werden kann. Es sei nicht möglich mit aktiven Ansätzen eine Ineffizienz auszunutzen.

1.2 MARKTEFFIZIENZ

Der effiziente Markt kennzeichnet sich dadurch, dass er sich schnell an neue Informationen anpasst. Im Zusammenhang mit diesem Gedanken wird deshalb auch der Begriff „Informationseffizienz" verwendet. Die Summe aller öffentlich verfügbaren Informationen sei für die Bewertung eines Wertpapiers relevant. Unter dem Begriff „Effizienzmarkthypothese" versteht man die Annahme, dass sich der Preis einer Aktie zufällig bewegt, da auch neue Informationen zufällig auftreten. Der Marktteilnehmer kann aufgrund der Unvorhersehbarkeit von deren Kursbewegung nicht profitieren.

In Abhängigkeit von der Art und der Menge der zur Verfügung stehenden Informationen wurde von Fama (1970) eine Aufteilung in drei unterschiedliche Formen der Markteffizienz vorgenommen. Die strenge Form der Effizienzmarkthypothese behauptet, dass neben den der Allgemeinheit zur Verfügung stehenden Informationen auch weitere nichtöffentliche Informationen wie Insiderwissen im Kurs einer Aktie eingepreist sind. Dieser Ansatz wurde von Fama (1991) verworfen. Es ist in Untersuchungen deutlich geworden, dass wichtige Ereignisse wie z.B. Unternehmensfusionen im Vorfeld ungewöhnliche Umsätze generieren. Nach der strengen Form gäbe es dafür keine Ursache. „Outsiders can profit from the knowledge that there has been heavy insider trading for up to 8 months after information about the trading becomes public—a startling contradiction of market efficiency."

Die zweite Form der Effizienzmarkthypothese nennt sich halbstark. Sie ist die starke Form reduziert auf die Annahmen zu öffentlich zur Verfügung stehenden Informationen, d.h. ausgenommen vom Insiderhandel seien alle Informationen eingepreist. Eine paradoxe Situation ergibt sich im Hinblick auf die Aktivitäten von Analysten, die mit ihren Ergebnissen an die Öffentlichkeit treten. In der Theorie würden ihre Ergebnisse in dem effizienten Markt zu keinem Mehrwert führen.

Würden sie allerdings als Schlussfolgerung ihre Arbeit einstellen, so würde der Markt mit weniger Informationen versorgt werden und ineffizient werden. Es gibt Beobachtungen, die den Annahmen um die Effizienzmarkthypothese widersprechen. Der Neglected-Firm-Effekt beispielsweise sagt aus, dass Firmen, die von Analysten über längere Zeit nicht beachtet worden sind, eine bessere Entwicklung aufweisen. Nach dem Size-Effekt entwickeln sich der Aktienkurs kleiner besser als der von großen Unternehmen. Die schwache Form der Effizienzmarkhypothese geht davon aus, dass alle Informationen, die aus den aktuellen und vergangenen Kursen und an Umsätzen einer Aktie gewonnen werden im Preis verarbeitet sind. Technische Analyse bei der Auswahl von

Aktien wäre, wenn diese Annahme stimme würde, nutzlos. Dieser Ansatz basiert auf der Gültigkeit der Random-Walk-Hypothese. Sie geht davon aus, dass Aktienkurse sich zufällig und unabhängig von der Vergangenheit bewegen. Es existieren Anomalien, die die Random-Walk-Hypothese und damit die schwache Form der Effizienzmarkthypothese in Frage stellen. Beispielsweise wurde jahreszeitenabhängige Überperformance festgestellt, in Deutschland z.B. im Januar. Man kann zusammenfassend feststellen, dass die Effizienzmarkthypothese in der Fachwelt diskutiert und angezweifelt wird. Untersuchungen an Aktienmärkten machen deutlich, dass es je nach Region und Markt unterschiedliche Grade der Effizienz geben kann.

1.3 PORTFOLIOTHEORIE

Das Fundament der Portfoliotheorie ist die Beobachtung, dass Investoren ihr Vermögen nicht nur auf eine Aktie konzentrieren, sondern es auf unterschiedliche Wertpapiere aufteilen. Die mögliche Rendite ist nicht der einzige Entscheidungsfaktor bei der Struktur eines Portfolios, da der Anleger grundsätzlich sonst sein gesamtes Kapital in die Aktie mit der höchsten zu erwartenden Rendite investieren müsste. In der Praxis wird aber eine Diversifizierung vorgenommen. Die Entscheidungskriterien für den Aufbau eines Portfolios sind die zu erwartende Rendite und das Risiko der jeweiligen Wertpapiere und deren Korrelation. Effizient ist eine Diversifikation, bei der mit denselben Risiken kein Portfolio existiert, bei dem die zu erwartete Rendite höher ist, bzw. bei der mit denselben Renditeerwartungen kein Portfolio existiert, das ein geringeres Risiko aufweist. In der Portfoliotheorie wird davon ausgegangen, dass die Renditen und das Risiko der Aktien zufällig auftreten. Statt eine Aktie oder Anlageklasse auf Basis von technischer oder fundamentaler Analyse zu kaufen bzw. zu verkaufen, wird auf die prozentuale Wichtung im Portfolio geachtet, da sich das Verhältnis bei einer Wertveränderung des einzelnen Investments verschiebt. Die Weiterentwicklung der Portfoliotheorie ist das Capital Asset Pricing Modell. Es ergänzt die Annahmen und geht davon aus, dass zwischen dem Risiko und der Rendite eines Wertpapiers ein linearer Zusammenhang besteht. Jedes unsystematische Risiko lässt sich durch eine Diversifikation ausgleichen. Ein sogenanntes Marktportfolio sei das die logische Schlussfolgerung für uneingeschränkt rational agierende Marktteilnehmer. Es besteht aus allen verfügbaren Wertpapieren. Unter der Einbeziehung von Risiko und Rendite ist es das optimale Portfolio und jede Abweichung davon hat einen negativen Einfluss. Die Schlussfolgerung aus der Portfoliotheorie und dem Capital Pricing Modell ist die Anwendung einer passiven Investmentstrategie.

1.4 AKTIENFONDS

Fonds, darunter zählen auch Aktienfonds, gelten als Spezialsondervermögen. Die rechtlichen Grundlagen dazu ergeben sich aus dem Investmentgesetz. Die Aktien des Fonds befinden sich in gesperrten Depots einer Depotbank. Diese verwahrt die Wertpapiere. Die Kapitalanlagegesellschaft ist für das Management der Fonds zuständig. Bei aktiv gemanagten Fonds versucht das Fondmanagement mit verschiedenen Investmentansätzen eine bessere Performance als ein Index zu erreichen. Dazu unterliegen die Verantwortlichen externen Regularien.

Im Investmentgesetz ist vorgeschrieben, dass ein Aktienfond maximal 10% des Kapitals auf eine einzelne Aktie konzentrieren darf. Eine mögliche Überrendite zur Benchmark ist neben dem Stock-Picking auch vom Market-Timing abhängig. Gelingt es dem Fondmanager das Portfolio so anzupassen, dass er in einem Abwärtstrend unter- und an einem Aufwärtstrend überproportional partizipiert, so wird er besser als der Index abschneiden. Dieser Ansatz steht im Widerspruch zu der Theorie der Markteffizienz aus Kapitel 2.2. Exchange Traded Funds, im weiteren Text ETF genannt, bilden ein Gegenstück zu aktiv gemanagten Aktienfonds. Die Manager dieser Fonds versuchen mit einem passiven Investmentansatz den Index so exakt wie möglich abzubilden. Dabei entstehen für den Anleger oft weniger

Kosten. Dennoch existiert verursacht durch Veränderungen des Index und die entstehenden Handelskosten, sowie Kosten für Liquidität in der Wertentwicklung des ETF eine Abweichung zum Index. Der „Tracking Error" misst diese Abweichung und kann als Qualitätskriterium betrachtet werden.

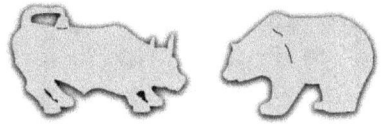

1.5 FUNDAMENTALE ANALYSE

Ein Ansatz der fundamentalen Analyse ist es den inneren Wert eines Unternehmens zu bestimmen. Ist dieser größer als die Marktkapitalisierung sollten die Aktien verkauft werden. Gekauft werden sollten die Aktien, wenn die Marktkapitalisierung kleiner als der innere Wert des Unternehmens ist. Zur Beurteilung dieses inneren Wertes nutzt der Fondmanager verschiedene Ansätze. Der Value-Ansatz investiert vorzugsweise in Aktien, die eine konstante Gewinnentwicklung aufweisen und eine sichere Marktposition haben. Sie schütten oft eine hohe Dividende aus.

Growth-Aktien dagegen kennzeichnen sich durch ein erhöhtes Gewinnwachstum und eine geringere Dividendenausschüttung. Aktien mit einem erhöhten Gewinnwachstum weisen oft eine kleinere Marktkapitalisierung auf als bereits etablierte Unternehmen. Diesen sogenannten Small-Caps könnten im Hinblick auf eine mögliche Marktineffizienz vorteilhafter sein, da sie von der Öffentlichkeit weniger beachtet werden als die im Fokus der Analysten stehenden Large-Caps. Die Methodik zuerst die Unternehmen zu analysieren und von den Ergebnissen einen Rückschluss auf die Entwicklung des Gesamtmarktes zu ziehen nennt sich Bottom-Up-Ansatz. Bei diesem Ansatz wird die unzureichende Analyse der Makroökonomie kritisiert, sowie der höhere Aufwand. Der Top-Down-Ansatz basiert auf der Erkenntnis, dass das der Aktienkurs des einzelnen Unternehmens sehr stark mit der gesamtwirtschaftlichen Entwicklung korreliert. Bei dieser Methodik wird deswegen zuerst der Fokus auf die Analyse der Makro- statt der Mikroökonomie gelegt. In der Praxis werden beide Methoden angewendet. Der Nachteil des Top-Down-Ansatzes ist, dass die Summe aller mikroökonomischer Fakten auch Relevanz für die Gesamtmarktentwicklung haben könnten. Die Schwäche des Bottom-Up-Ansatzes ist die gesamtwirtschaftlichen Tendenzen außer Acht zu lassen. Das Fondmanagement muss die Methodik auch in abhängig des Anlagehorizontes wählen.

Man geht davon aus, dass sich bei der Bottom-Up-Analyse der Aktienkurs auf lange Sicht an seinen inneren Wert anpassen wird aber kurzfristig von den Marktschwankungen beeinflusst wird. Das Kurs-Gewinn-Verhältnis, auch kurz KGV genannt, ist eine oft genutzte Kennzahl in der fundamentalen Aktienanalyse. Dabei wird der der Quotient aus dem aktuellen Kurs und dem Gewinn je Aktie gebildet. Man könnte alternativ auch die Marktkapitalisierung durch den Unternehmensgewinn teilen. An dieser Kennzahl wird kritisiert, dass keine Rückschlüsse auf die Kapitalstruktur innerhalb des Unternehmens gezogen werden können. Die Bewertung einer Aktie hängt bei dieser Methodik grundsätzlich vom ausgewiesenen Gewinn ab. In Branchen, in denen viel Kapital benötigt wird, ist diese

Kennzahl möglicherweise verzerrt, weil die Gewinne den Anlegern aufgrund von Investitionsbedarf des Unternehmens nicht zur Verfügung stehen. Vom Management kann der bilanzielle Gewinn unabhängig vom internen Rechnungswesen beeinflusst werden. Zum Beispiel könnten die Lagerbestände „Last in, First Out" oder „First in, First Out" bewertet werden. Außerdem kann die Art der Abschreibung verändert werden, sodass sich der Gewinn je Aktie verändert, aber der Cashflow gleichbleibt. Dieser bildet die realen Zahlungsströme besser ab, weil beispielsweise Abschreibungen darin nicht beachtet werden, dafür aber Investitionen in Sachanlagen.

Als weiteres Analyseinstrument wird unter anderem das Kurs-Buchwert-Verhältnis, auch kurz KBV genannt, genutzt. Es setzt die Marktkapitalisierung des Unternehmens ins Verhältnis mit dem bilanziell ausgewiesenen Eigenkapital. Bei den meisten Unternehmen ist das Verhältnis größer als 1. Das Investment in Unternehmen mit einem kleinen KBV ist ein Ziel des Value-Ansatzes. Growth-Aktien besitzen oft ein höheres KBV. Die Dividendenrendite berechnet sich, indem man den Quotienten aus Dividende je Aktie und dem Kurs bildet. Die Ausschüttungen sind vom Management festgelegt und zum Vergleich der Unternehmen untereinander ist diese Kennzahl ungeeignet.

1.6 TECHNISCHE ANALYSE

Ein Verfechter der Technischen Analyse, John Murphy, definiert sie als „das Studium von Marktbewegungen, in erster Linie durch den Einsatz von Charts, um zukünftige Kurstrends vorherzusagen". Eine Annahme bei den Investmentansätzen der technischen Analysten ist, dass die fundamentalen Einflüsse sowie die Erwartungen der Anleger im Preis widergespiegelt werden. Im Gegensatz zu den Überlegungen der klassischen Wirtschaftstheorie ist Ursache und Wirkung der Preisbildung und der Zusammenhang zu Angebot und Nachfrage vertauscht. Eigentlich sollte der Preis steigen, weil mehr nachgefragt als angeboten wird.

Der technische Analyst sieht im steigenden Preis die Ursache und als Folge davon schlussfolgert er positive Erwartungen der Marktteilnehmer, also eine erhöhte Nachfrage. Der Preis spiegele die Prognose der fundamentalen Analyse wieder und es sei deswegen ausreichend, sich auf die Bewegungen der Kurse zu konzentrieren, da sie alle Informationen beinhalten. Eine Annahme der technischen Analyse ist, dass die Kursbewegungen in Trends stattfinden, die sich aber auch umkehren. Das Ziel der Analysen ist es, diese Bewegungen frühestmöglich zu prognostizieren und entsprechend zu handeln. Dazu sei die zukünftige Bewegung eines Preises abhängig von den Ereignissen in der Vergangenheit. Eine weitere These der technischen Analyse ist, dass die grundsätzliche Psychologie des Menschen gleichbleibt und sich in den Mustern der Charts wiederspiegelt. Die Zukunft könne deswegen aus der Vergangenheit abgeleitet werden. Die Technische Analyse arbeitet mit sich teils widersprechenden Ansätzen. Es wird auf der einen Seite angenommen, dass Trends Bestand haben und ihrer Richtung gefolgt werden sollte. Dazu werden beispielsweise gleitende Durchschnitte genutzt. Diese berechnen den Durchschnittskurs der letzten Perioden. Kreuzt nun der Kurs den gleitenden Durchschnitt, so kann das auf einen beginnenden Trend hinweisen.

Andererseits existieren Ansätze, wie zum Beispiel der Relative Stärke Index, der versucht eine Trendumkehr zu erkennen. Er berechnet sich aus dem Durchschnitt der Schlusskurse von x Tagen mit steigenden Kursen dividiert durch den Durchschnitt der Schlusskurse von x Tagen mit fallenden Kursen. Ist der Quotient über 80 bzw. unter 20, so soll dies auf eine überkaufte bzw. überverkaufte Situation hinweisen und eine Umkehr des Trends signalisieren.

Kapitel 2

Aktive Investmentansätze und empirische
Überprüfung von Anlageinstrumenten

2.1 DAS LEVERMANN-PRINZIP

Eine ehemalige Fondsmanagerin namens Susann Levermann veröffentlichte im Jahr 2010 ein populärwissenschaftliches Buch für Privatanleger, in dem sie ihre Erfahrung aus ihrer aktiven Zeit vorstellt und ein mögliches Modell zur Selektion von Aktien darlegt. Da es als „Finanzbuch des Jahres" Beachtung fand, soll es im folgenden Abschnitt als Beispiel für die konkrete Strategie einer aktiven Aktienauswahl dienen. Sofern nicht anders angegeben, beziehen sich der folgende Abschnitt auf Levermanns „Der entspannte Weg zum Reichtum" S. 151ff. Es werden als Basis ihres Modells Überlegungen über den Aktienmarkt angestellt, von denen nun einige im Hinblick auf die theoretischen Grundlagen dieser Arbeit kritisch kommentiert werden sollen. Zum Beispiel seien Prognosen über zukünftige Kurse und Unternehmensgewinne nicht mit der nötigen Präzision zu erstellen.

"Die Zukunft vorherzusagen ist unmöglich - und unnötig."

Damit befürwortet Levermann indirekt die Effizienzmarkthypothese bzw. widerspricht sich selbst. Wenn man die Zukunft nicht vorhersagen könne, so sollte auch eine Vorhersage mit geringer Präzision nicht möglich sein. Ihre folgenden Thesen übergehen ihre erste Behauptung. So seien psychologische Effekte

des Menschen, der sich aufgrund des sogenannten „Ankereffektes" an bisherige Kurse
klammere falsch bzw. nicht zielführend. Außerdem überschätze der Mensch sein eigenes
Wissen. Das führe zum Beispiel dazu, dass
mehrheitlich schlechte Analystenmeinungen
zu „zu pessimistischen" Erwartungen führen.
Ein theoretisches Konstrukt eines Marktes,
der sich schnell an neue Informationen anpasst, lässt die Bewertung des Anlegerverhal-
tens als „zu pessimistisch" nicht zu. Damit
wird von Levermann eine Marktineffizienz angenommen. Sie sieht außerdem u.a. im KGV
ein Instrument, das eine Aktie als teuer oder
billig klassifiziert. Die Überrenditen, die aus
einer Aktienauswahl erwirtschaftet werden
können, seien „größer und systematischer"
als die durch das Market-Timing.

Auch diese Annahmen stehen im Widerspruch zur Markteffizienzhypothese. Sollte
ein niedriges KGV eine billige Aktie, also eine,
die unter ihrem inneren Wert notiert, kennzeichnen, so würden die Anleger diese Aktie
vermehrt kaufen, bis der Kurs gestiegen ist
und das KGV wieder im neutralen Bereich ist.
Auf ihren Überlegungen basierend schlägt Levermann unter anderem ein Modell für die sogenannten Large Caps aus dem Deutschen
Aktienindex, im folgenden DAX genannt, vor,
dass verschiedene aktiven Anlageinstrumente
miteinander verknüpft. Sie bewertet Aktien in
13 Kategorien und gibt ihnen je nach Wert
Punkte.

Abbildung 1: Bewertungssystem von DAX-Aktien nach Levermann

		1 Punkt, wenn	0 Punkte, wenn	−1 Punkt, wenn
1	RoE LJ*	> 20 %	zwischen 10 % und 20 %	< 10 %
2	EBIT-Marge LJ	> 12 %	zwischen 6 % und 12 %	< 6 %
3	Eigenkapital-quote LJ	> 25 %	zwischen 15 % und 25 %	< 15 %
4	KGV 5 Jahre	< 12	zwischen 12 und 16	> 16
5	KGV aktuell	< 12	zwischen 12 und 16	> 16
6	Analysten-meinungen	Verkaufen (2.5 bis 3.0)	Halten (1.51 bis 2.49)	Kaufen (1.0 bis 1.5)
7	Reaktion auf Quartalszahlen	positiv	zwischen −1 % und +1 %	negativ
8	Gewinn-revisionen	steigend	zwischen −5 % und +5 %	fallend
9	Kurs heute gg. Kurs vor 6 Mt.	steigend	zwischen −5 % und +5 %	fallend
10	Kurs heute gg. Kurs vor 1 Jahr	steigend	zwischen −5 % und +5 %	fallend
11	Kursmomentum steigend	Zeile 9: 1 Pkt., Zeile 10: 0 od. −1 Pkt.	ansonsten	Zeile 9: −1 Pkt., Zeile 10: 0 od. 1 Pkt.
12	Dreimonats-reversal	Perf. in jedem Monat < DAX	ansonsten	Perf. in jedem Monat > DAX
13	Gewinn-wachstum*	EPS AJ < EPS NJ	zwischen −5 % und +5 %	EPS AJ > EPS NJ
Punktesumme		**Kaufempfehlung ab 4 Punkten**		

LJ = letztes Geschäftsjahr; AJ = aktuelles Geschäftsjahr; NJ = nächstes Geschäftsjahr; EPS = Gewinn je Aktie

Sie betrachtet eine Aktie unter ihrem inneren Wert liegend, wenn diese in Summe vier positive Punkte aufweist. Dabei betrachtet sie fundamentale Kennzahlen, die wie das KGV aus der Bilanz zu entnehmen sind. Ein KGV unter 12 sei beispielsweise billig und ein KGV über 16 sei teuer. Weiterhin werden die Eigenkapitalrendite und die EBIT-Marge betrachtet. Die Bewertung des Gewinnwachstums sowie den Gewinnrevisionen berücksichtigt die fundamentale Entwicklung. Neben der Fundamentalanalyse wird auch die Psychologie der Anleger erfasst, indem die Analystenmeinung sowie die Reaktion der Anleger auf Quartalszahlen abgebildet werden. Die in Abbildung 1 ersichtliche Größe zur Messung der Analystenmeinung ist eine, die Bezug zu öffentlich verfügbaren Informationen auf www.yahoo.de nimmt.

So ist dort eine Kaufempfehlung der Analysten eine 1 und eine Verkaufsempfehlung eine 3 und die Internetseite berechnet den Durchschnittswert. Schlechte Analystenmeinungen seien deswegen nach Levermann ein Indiz für eine kaufenswerte Aktie. Des Weiteren werden Instrumente aus der technischen Analyse angewandt. Beispielsweise sei ein Kurs, der heute min. 5% höher steht als vor 1 Jahr bzw. vor 6 Monaten als positiv zu bewerten. Es wird demzufolge im Bezug zur technischen Analyse von Trendfolge ausgegangen. Levermann empfiehlt eine 2-wöchige Überprüfung des Portfolios nach ihrem System. Gedanken des Portfoliomanagements werden nicht aufgegriffen, da auf erwartete Rendite, Risiko und Korrelation nicht eingegangen wird. Außerdem ergeben sich aufgrund der unterschiedlichen Entwicklung der einzelnen Aktien und des unterschiedlichen, da nicht definierten Startzeitpunktes der Strategie unterschiedliche Wichtungen innerhalb Portfolios. Zwei Anleger, die sich beiden auf dieses Strategie beziehen könnten im selben Jahr unterschiedliche Ergebnisse erzielen. Neben dem Modell für den DAX werden abweichende Vorschläge für Small- und Mid Caps bzw. für die Bewertung von Aktien aus dem Finanzsektor gemacht. Es ist davon auszugehend, dass Fondsmanager in der Praxis größere Checklisten nutzen. „Ich selbst habe bei der DWS – mit der Unterstützung riesiger Computerdateien – mit noch mehr Faktoren gearbeitet, um eine gewisse Ausgewogenheit verschiedener Kriterien herzustellen."

Im Hinblick auf die Effizienzmarkthypothese sollte Levermanns Modell selbst seinen eigenen Mehrwert verhindern. Unter der Annahme, dass die 13-Punkte-Aktiencheckliste für den DAX mögliche Marktineffizienzen sondiert und somit mit der anschließenden Auswahl der unterbewerteten Aktien eine Überperformance erreichen könnte, so müssten die Anleger aufgrund des Erfolges des Levermann-Prinzipes schnell auf es aufmerksam werden. Da alle Informationen zur Umsetzung öffentlich vorhanden sind, sollten sich theoretisch der Markt entsprechend anpassen und die Strategie würde nicht mehr funktionieren.

Das Modell wird von Privatanlegern beachtet und es existieren Pressemeldungen, dass ein wikifolio-Trader, der sich auf die Strategie beruft, den S-DAX, M-DAX, TecDAX und DAX schlagen konnte. Im Jahr 2017 waren 32 Millionen Euro darin investiert. Wikifolio ist eine sogenannte Social-Trading Plattform. Anleger können an der Börse Zertifikate kaufen, die Portfolios von wikifolio-Trader abbilden. Privatpersonen können ohne Qualifikationsnachweis Portfolios erstellen. Eine Aussage, ob das Levermann-Prinzip nachhaltig erfolgreich ist und ob damit der deutsche Aktienmarkt, auf den es sich bezieht, ineffizient ist, lässt sich nicht ableiten, da kein Vergleichsmaßstab definiert ist und die Umsetzung der Strategie nach keinen objektiv nachzuvollziehenden Kriterien erfolgt. Dazu ist die angesprochene Problematik der undefinierten Wichtung zu kritisieren.

2.2 Der Gebert Indikator

Die Frankfurter Allgemeine Zeitung berichtete 2006 über die gute Performance einer Anlageidee von Thomas Gebert - die Investmentbank Merrill Lynch setzte seine aktive Anlagestrategie in einem Zertifikat um, die auf fundamentalen Informationen und jahreszeitlichen Effekten beruht. Der Ansatz bezieht sich auf den DAX und geht von einem ineffizienten Markt aus. Es wird versucht anhand von öffentlich bekannten Informationen den Index zu übertreffen. Der folgende Abschnitt beruht, wenn nicht anders angegeben auf „Der große Gebert" von Thomas Gebert. Seine Überlegungen sollen diskutiert und empirisch nachgeprüft werden, um einen Hinweis auf die Effizienz des DAX zu generieren.

Gebert verteilt in vier Kategorien null bis einen Punkt und leitet daraus einen Algorithmus ab. Ergibt die Summe drei oder vier, so prognostiziert er einen steigenden DAX. Keiner oder ein Punkt deuten auf einen fallenden DAX hin und zwei Punkte lassen die vorherige Aussage des Indikators stehen. Jeweils am Monatsanfang wird vier Faktoren überprüft. Ein Kriterium ist der Leitzins der Europäischen Zentralbank, die im weiteren Text EZB genannt wird, und ob er bei der letztmaligen Änderung gesenkt wurde. Ist das der Fall, so wird ein Punkt verteilt. Ist die letzte Anpassung eine Zinsanhebung, so wird kein Punkt vergeben. In der internationalen Geldpolitik ist der Leitzins ein bedeutendes Instrument. Bis in das Jahr 1999 würde der Leitzins national von der deutschen Bundesbank festgesetzt. Diese Aufgaben wurden später im Rahmen der Währungsunion von der EZB übernommen. Bei einem kleinen Leitzinssatz können sich die Geschäftsbanken kostengünstig Geld beschaffen. Dadurch können Kredite ebenso zinsgünstig an die Kunden weitergegeben werden. Das hat Einflüsse auf die Wirtschaft und damit die Ertragssituation der Unternehmen. In Folge der niedrigen Leitzinsen steigen die Investitionen der Unternehmen, der Konsum der privaten Haushalte und die Beschäftigung durch eine erhöhte Nachfrage nach Arbeitskräften.

Eine Zinssenkung sollte grundsätzlich die Aktienkurse steigen lassen. Nach Famas Effizienzmarkthypothese würde sich aber der Markt stets an die Informationen über den Leitzins anpassen und nach dem öffentlichen Bekanntwerden einer Änderung entsprechend reagieren. Ein weiteres Kriterium in Geberts Indikator ist die Inflationsrate in der Eurozone. Gemessen am harmonisierten Verbraucherpreisindex werden Punkte vergeben. Dabei werden die zuletzt veröffentlichten und endgültigen Inflationsraten eines Monats mit dem Vorjahr verglichen. Ist die Inflation niedriger als im Vorjahr, so wird ein Punkt verteilt. Keinen Punkt gibt es, wenn die Inflation höher oder gleich als im Vorjahr ist. Daraus lässt sich schlussfolgern, dass Gebert eine geringe Inflation als positiv für die DAX Entwicklung ansieht. Inflation führt entgegengesetzt zu dieser Annahme auch zu einer Entwertung von Geldvermögen und kann zu einer Verlagerung in Sachwerte, wie z.B. Aktien führen. Dabei ist zu beachten, dass der Preis der Sachwerte aufgrund der erhöhten Nachfrage steigt. Andererseits wird das Wirtschaftswachstum durch hohe Inflationsraten gebremst. Durch das Verhalten sich am nominalen und nicht am realen Geldwert zu orientieren wird der Konsum negativ beeinflusst. Das dritte Kriterium von Gebert ist der Euro/US-Dollar Devisenkurs. Er vergleicht ihn mit dem Vorjahreskurs. Positiv, also ein Punkt in seinem Indikator, sei es, wenn der Wechselkurs niedriger als vor einem Jahr ist.

Ein fallender DAX wird prognostiziert, wenn der Kurs höher steht als vor einem Jahr. In dem Fall werden null Punkte addiert. Geberts Annahme ist, dass der DAX überwiegend von exportorientierten Unternehmen gebildet wird und deren Gewinn aufgrund der höheren Nachfrage im Ausland positiv beeinflusst wird. Aktuelle Forschungen gehen davon aus, dass die Elastizität der deutschen Exporte zum Euro/US-Dollar Kurs im Bereich von ca. 0,2 liegt. Das heißt, dass ein Kursrückgang um 1% einen Anstieg der Exporte um 0,2% bewirken sollte. Bei diesem Kriterium ist zu kritisieren, dass die bloße Fokussierung auf den Zusammenhang zum US-Dollar sehr vereinfachend ist, da der zum Vorjahr relativ niedrige Wechselkurs nicht nur von einem schwachen Euro, sondern auch durch einen starken US-Dollar zu Stande kommt. Der Euro könnte im Verhältnis zu dritten Währungen dennoch stark sein. Die Beziehungen zu anderen Währungsräumen sind nur indirekt abgebildet. Den vierten Punkt verteilt Gebert, in dem er die in 1.2 erwähnte jahreszeitenabhängige Überperformance beachtet. Positive Erwartung generiert der Indikator, wenn das aktuelle Datum zwischen dem 1. November und 30. April liegt, da in diesem Fall ein Punkt vergeben wird. Außerhalb des Zeitraums wird kein Punkt vergeben. Statistisch belegt ist der sogenannte Januareffekt.

In den Jahren 1974-1978 überstieg die Rendite des DAX im Januar die des restlichen Jahres. „Sowohl der Januar-Effekt als auch der Monats-Effekt sind signifikant am deutschen Aktienmarkt in den frühen Jahren des Untersuchungszeitraums vorhanden. In Übereinstimmung mit einschlägiger empirischer Literatur schwächen sich beide Effekte erst ab und verschwinden dann weitgehend. Dieses Resultat legt nahe, dass der deutsche Aktienmarkt effizienter geworden ist." Der Erfolg von Geberts Annahmen sind wissenschaftlich aktuell nicht untersucht. Es existieren kommerzielle Internetseiten im Namen von Gebert, die den Erfolg seiner Strategie als

Verkaufsargument nutzen. Sein Indikator generierte in der Vergangenheit vor größere Abwärtsphasen im DAX, wie 2000, 2008 oder 2011 ein entsprechendes Signal und mit ihm lasse sich einfach den Markt schlagen.

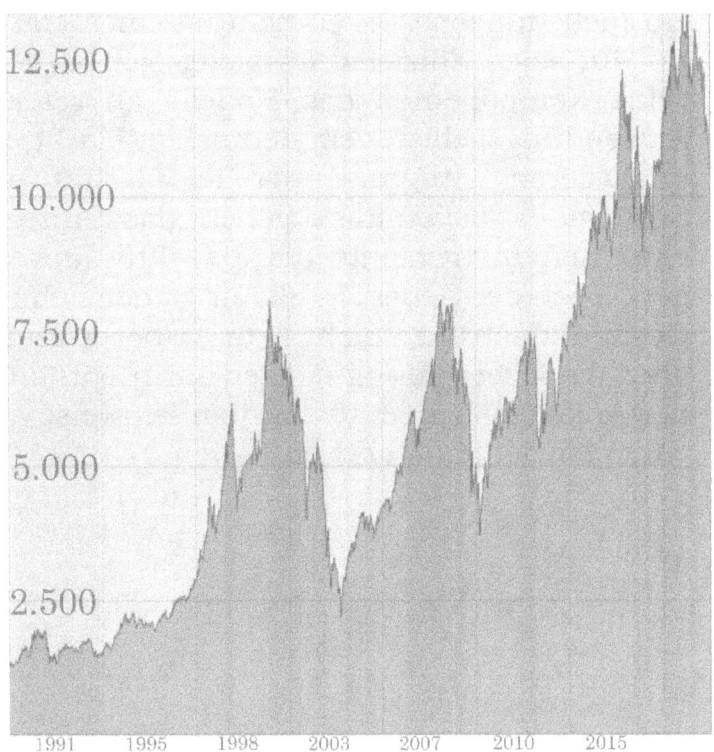

Abbildung 2: Gebert Indikator und seine Entwicklung, Rot für eine negative Erwartung der DAX-Entwicklung

Die Anzahl der Signale ist für eine statistische Aussage allerdings zu gering. Es bietet sich dennoch an einzelne Komponenten seines Indikators empirisch zu überprüfen.

2.3 EMPIRISCHE UNTERSUCHUNG VON AUSGEWÄHLTEN ANLAGEINSTRUMENTEN

Wie in 2.1 bereits erläutert wurde, eignet sich das von Anlegern beachtete Levermann-Prinzip nicht für eine Untersuchung eines Marktes auf seine Effizienz. Es bietet sich an einzelne Komponenten des Modells an seinem Anwendungsgebiet, dem deutschen Markt, zu analysieren. Aufgrund der Popularität der Strategie ist davon auszugehen, dass Anleger einzelnen Instrumente daraus aktiv anwenden. Auch der Gebert Indikator eignet sich als Gesamtkonstrukt nicht zur Überprüfung, aber die Überprüfung einiger darin enthaltener Anlageinstrumente könnten Hinweise auf einen effizienten Markt enthalten.

2.3.1 KGV

Levermann betrachtet in ihrem Modell die Dividendenrendite nicht. Im Folgenden soll anhand einer empirischen Untersuchung diskutiert werden, ob in den Jahren 2011 bis 2017 ein Zusammenhang zwischen dieser Kennzahl und der Kursperformance zu erkennen war. Die Kursdaten werden aus Internetquellen entnommen. Die Kurse werden von der Frankfurter Börse bezogen, die Bilanzdaten von der Plattform boerse.de. Sofern nicht anders angegeben, werden diese Quellen in den eigenen Berechnungen genutzt. Bei diesen ist zu beachten, dass sich die Kennzahl KGV auf die Vergangenheit bezieht.

Der Jahresgewinn eines Unternehmens wird erst im Folgejahr in der Bilanzpressekonferenz mitgeteilt. Die gesetzlichen Regelungen in Deutschland schreiben großen Aktiengesellschaften vor, dass sie spätestens den ersten drei Monaten des Folgejahres ihre Bilanz aus dem alten Jahr offenlegen müssen. Es wird deswegen als Stichtag der 31.03. des jeweiligen Jahres genommen. Die Annahme ist, dass der Investor zum Stichtag den verwässerten Gewinn des Unternehmens aus dem Vorjahr nutzt und das KGV der aktuellen DAX Aktien berechnet und miteinander vergleicht. Zur Berechnung wurde der Schlusskurs des Stichtages oder der Kurs des darauffolgenden Handelstages genutzt. Aktiensplits werden entsprechend beachtet. Die bilanziellen Daten der Metro AG konnten aus den angegebenen Quellen nicht entnommen werden. Da sich ein negatives KGV schwierig interpretieren lässt werden entsprechende Aktien nicht berücksichtigt. In der folgenden Abbildung ist der Zusammenhang des KGV und der 12 Monats-Performance nach der Überprüfung grafisch dargestellt.

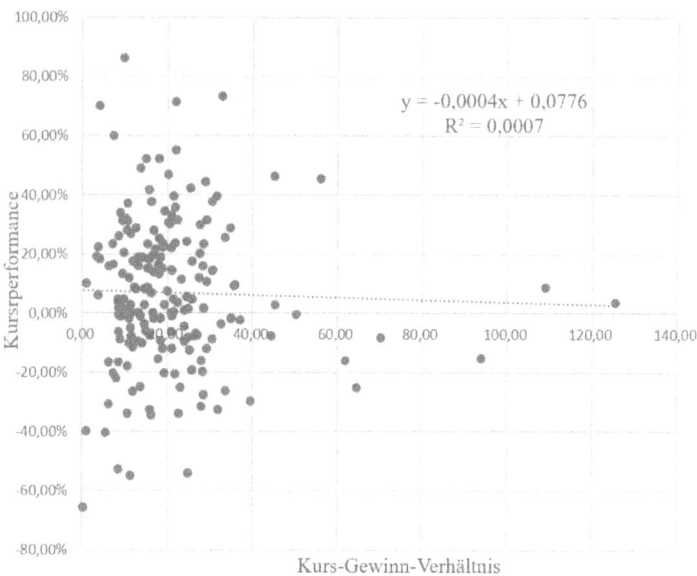

Abbildung 3: Zusammenhang Kursperformance und KGV im DAX

Der Zusammenhang wird mit einer Pearson-Korrelationsanalyse berechnet und interpretiert. Die mit „y" bezeichnete lineare Regressionsgerade hat eine geringe negative Steigung. Daraus lässt sich nicht ableiten, dass ein niedriges KGV mit einer positiven Kursperformance im Zusammenhang steht. Denn bei einem Bestimmtheitsmaß von $R^2 = 0,0007$ bzw. einem Korrelationskoeffizienten von $R = -0,027$ ist von keinem oder einem sehr geringen statistischen Zusammenhang auszugehen. Für den betrachteten Zeitraum und den gewählten Aktienmarkt DAX lässt sich mit dem KGV keine Aussage über die Kursperformance treffen.

In der Praxis ist nicht nur die Kursperformance, sondern auch die erhaltene Dividende zur Beurteilung des Erfolges einer Strategie notwendig. Der Kurs einer Aktie sollte bei einem effizienten Markt von der erfolgten Ausschüttung abhängen, da das Kapital entnommen wurde und diese Information in einem nach unten angepasstem Preis widergespiegelt werden müsste. Die Annahmen aus 2.2 werden entsprechend erweitert. In die einjährige Kursperformance wird die Dividendenzahlung einbezogen. In der folgenden Abbildung auf der nächsten Seite ist der angepasste Zusammenhang graphisch dargestellt.

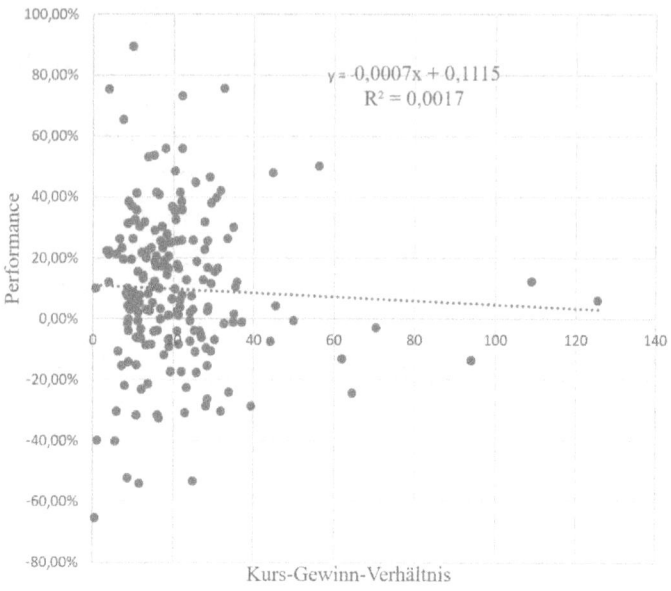

Abbildung 4: Zusammenhang Performance und KGV im DAX

Zu sehen ist, dass die Punktwolke leicht nach oben verschoben ist, da die Kursperformance um die jeweilige Dividende wächst. Ein Bestimmtheitsmaß von $R^2=0,0017$ lässt auf keinen Zusammenhang vom KGV und der Performance schließen. Bei der Nutzung dieser Annahmen ist zu kritisieren, dass theoretisch identische Aktien mit einer Dividendenausschüttung in Abhängigkeit vom Ausschüttungszeitpunkt mit den in Abb. 2 erfolgten Annahmen im effizienten Markt ohne Zufallsschwankungen ein unterschiedliches Kurs-Gewinn-Verhältnis hätten. Bei einer mehrjährig gleichbleibender Informations- und Gewinnsituation des Unternehmens, sollte bei einer Ausschüttungsquote von 100 % die Differenz zwischen dem Kurs vor und nach der Dividendenzahlung jeden darauffolgenden Monat um 1/12 sinken, da der Kursrückgang durch den ausgeschütteten Gewinn und die erneute Erwirtschaftung von diesem sich im Folgejahr in einem konstanten Kurswachstum niederschlagen müsste. Des Weiteren sind in der Praxis steuerliche Aspekte zu betrachten, die Annahme geht bei den Dividendenausschüttungen von keiner Kapitalertragssteuer aus. Zusammenfassend lässt sich feststellen, dass das KGV im DAX in den untersuchten Jahren und mit den getroffenen Annahmen nicht zur Erzielung einer Überrendite geeignet gewesen wäre und es ein Hinweis auf einen mindestens halbstark effizienten Markt ist.

2.3.2 KBV

Das KBV ist eine Kennzahl, die versucht den inneren Wert eines Unternehmens zu erkennen und je niedriger sie ist, umso aussichtsreicher wäre das Unternehmen. Gleichbleibend seien die Annahmen getroffen, dass der Investor zum 31.03. oder zum darauffolgenden Handelstag das KBV der DAX Aktien berechnet. Wegen der größeren Praxisrelevanz wird zur Messung des Erfolges die Performance wie in Abbildung 4, also die Kursperformance und die Dividende untersucht. Die Daten stammen aus den bereits erwähnten Quellen und der Untersuchungszeitraum sei derselbe. In der folgenden Abbildung ist der Zusammenhang von KBV und Performance dargestellt.

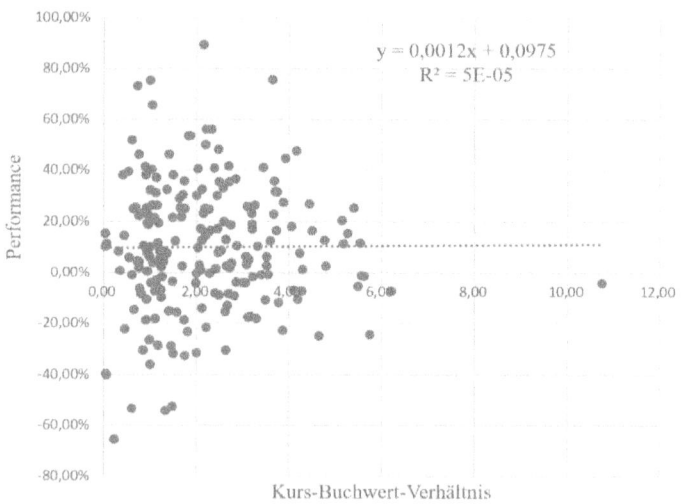

Abbildung 5: Zusammenhang Performance und KBV im DAX

Das Bestimmtheitsmaß R^2 von annähernd null lässt auf keine Beziehung der Größen zueinander schließen. Bemerkenswert ist, dass der Median aller untersuchten KBV bei 2,02 liegt. Die meisten Aktien sind, wie von Spremann (2008) allgemein behauptet, in dieser Untersuchung höher bewertet als ihr Buchwert. Daraus lässt sich schlussfolgern, dass der aktuelle Kurs und der Buchwert einer Aktie in einer Beziehung zueinanderstehen. Da nicht alle Aktie genau mit 2,02 bewertet sind und die Abweichungen vom Median keinen Hinweis auf die Kursentwicklung gibt, ist ein Hinweis darauf, dass der Markt halbstark effizient ist und weitere Kennzahlen bei der Bepreisung eines Unternehmens berücksichtigt.

2.3.3 Euro/US-Dollar Kurs

Gebert sieht einen Zusammenhang zwischen dem Devisenkurs und der zukünftigen DAX-Entwicklung. Seine daraus entwickelte Anlagestrategie folgt einem binären System und eine statistische Auswertung des Zusammenhangs soll im folgende unter angepassten Voraussetzungen erfolgen. Es soll deswegen die Entwicklung des Devisenkurses nicht nur mit positiv oder negativ im Zusammenhang zur Performance bewertet werden, sondern anhand relativer Abstände im Verlauf der Zeit untersucht werden. Der Abstand der Performancemessung wird an den Zeithorizont der Devisenkursentwicklung angepasst.

Sollte der Markt ineffizient sein, so sollte eine relativ starke Abwertung auch eine relativ höhere Performance generieren, da die Annahmen auf einem erhöhten Export basieren und dieser eine Elastizität in Bezug auf das Währungspaar aufweist. Im Folgenden wird die jährliche DAX-Performance zum ersten Handelstag des Jahres im Zusammenhang mit der relativen Entwicklung des Währungspaares in einem Jahr dargestellt. Der betrachtete Zeitraum ist seit der Einführung des Euros als Bargeld (2002) bis 2018. Die Kursdaten wurden von boerse.de genutzt. Es wird angenommen, dass der Investor zum Eröffnungskurs des Jahres in den DAX investiert hätte. Gebühren für die Umsetzung, zum Beispiel durch einen entsprechenden ETF, werden dabei ignoriert.

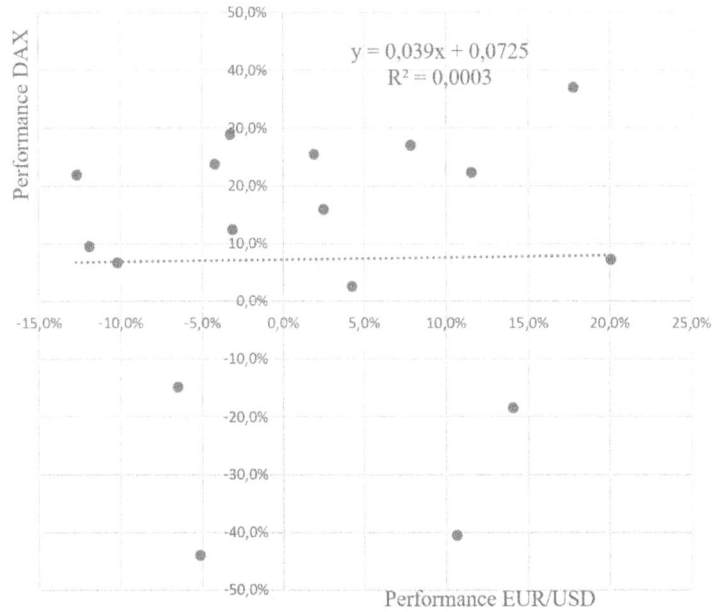

Abbildung 6: Zusammenhang Performance DAX zu Eur/USD

Ein Bestimmtheitsmaß von R^2=0,0003 lässt auf keinen Zusammenhang zwischen Euro/US-Dollar Kurs und DAX-Performance schließen. Die geringe Datenmenge erfordert einen längeren Beobachtungszeitraum des Zusammenhangs in der Zukunft. Aktuell kann Geberts Annahme nicht bestätigt werden.

2.3.4 SAISONALE EFFEKTE

Laut Gebert ist in der Vergangenheit eine jahreszeitliche Überperformance im DAX möglich gewesen. Hätte man seine saisonale Strategie angewandt und wäre von 1962 bis 1992 jeweils vom 1.November bis 30. April im DAX investiert gewesen, hätte aber außerhalb dieses Zeitraumes das Kapital zum aktuellen Diskontsatz risikolos angelegt, so hätte man eine Rendite von 400 Prozent erhalten, während der DAX selbst nur um 200 Prozent stieg. Der Zeitraum dieser Analyse wird nicht begründet und es stellt sich die Frage, welche Rendite die Anwendung der saisonalen Strategie ab 1992 mit der Methodik generiert hätte.

Hätte ein Investor am 01.November 1992 in den DAX investiert und am 30.November 2018 verkauft, so hätte er eine Performance von 845% erzielt. Die Anwendung der saisonalen Strategie hätte eine Performance von 954% erzielt. Im Hinblick auf die Überlegungen zum Portfoliomanagement ist zu bemerken, dass bei diesem Vergleich das Investment in dasselbe Wertpapier erfolgt ist. In diesem Fall wäre es möglicherweise ein ETF. Das Risiko, gemessen an der Schwankungsbreite, kann deswegen bei einem nur halbjährlichen Investment höchsten auf demselben Niveau wie bei einem ganzjährigen Investment sein. Der Anleger wäre bei der Berechnung nur der halben Zeit der Volatilität ausgesetzt gewesen und hätte dennoch mehr Rendite erzielt, obwohl er weniger Risiko eingegangen ist. Gebert spricht in dem Zusammenhang sogar vom „halben Risiko". Die von Gebert von 1962 bis 1992 entdeckte Marktineffizienz scheint sich in den Folgejahren abzuschwächen, da die mit dieser Methodik erzielte Überperformance bis ins Jahr 2018 verringerte. Eine weitere Betrachtung des Ansatzes in der Zukunft bietet sich an, um die Zufälligkeit des Erfolges zu überprüfen. Wenn weiterhin eine Überrendite mit dieser Methodik erzielt werden kann, so steht dies im Wiederspruch mit der Effizienzmarkthypothese. Der Markt, der vom DAX abgebildet wird, wäre ein ineffizienter Markt im Sinne der schwachen Effizienz.

3.3.5 ZINSSTRATEGIE

Laut Gebert hätte Ansatz, nur bei vorheriger Senkung des Diskontzinssatzes investiert zu sein, im DAX zwischen den Jahren 1962 und 1992 eine Performance von 390 Prozent erbracht und hätte damit im Vergleich zur 200 Prozent Entwicklung des Buy-and-Hold Ansatzes den Markt übertroffen. Auch das Ende dieser zeitlichen Betrachtung ist nicht begründet und die Untersuchung ab diesem Zeitpunkt bietet sich an. Hätte ein Investor ab Januar 1993 jeweils zum Monatsanfang den Diskontzinssatz oder den EZB-Hauptrefinanzierungszinssatz überprüft und bei einer Senkung im Vergleich zum vorangegangenen Zins fiktiv den DAX gekauft, so hätte er bis Ende März 2019 eine Rendite von 1025% erhalten.

Die Buy-and-Hold Strategie hätte im selben Zeitraum eine Rendite von 746% gebracht. Eine weitere Betrachtung des Ansatzes in der Zukunft bietet sich an. Wenn in Zukunft weiterhin eine Überrendite mit dieser Methodik erzielt werden kann, so steht dies im Wiederspruch mit der Effizienzmarkthypothese. Der DAX wäre ein ineffizienter Markt im Sinne der halbstarken Effizienz.

3.3.6 Zwölf Monats -Trend

Laut Levermann bewegen sich Aktien in Trends und demzufolge sei ein Kurs, der heute höher als vor 12 Monaten steht positiv zu beurteilen. Sie geht von Trendfolge aus. Im Folgenden soll aber nicht ihre Beurteilungsschwelle in Höhe von 5% genutzt werden. Es wird nicht nur eine Bewertung in den Kategorien neutral, negativ und neutral genutzt, sondern es wird überprüft, ob die relativen Abstände eines Kurses zum Vorjahr im Zusammenhang mit der zukünftigen Kursentwicklung stehen. Es werden, um den Bezug zu Levermanns weiteren Bewertungsdimensionen herzustellen die Kursdaten vom 31.03. oder dem nachfolgenden Handelstag genutzt. Die Performance der Jahre 2012 bis 2017 aller im DAX-enthaltenen Aktien ist in der Abbildung 7 dargestellt.

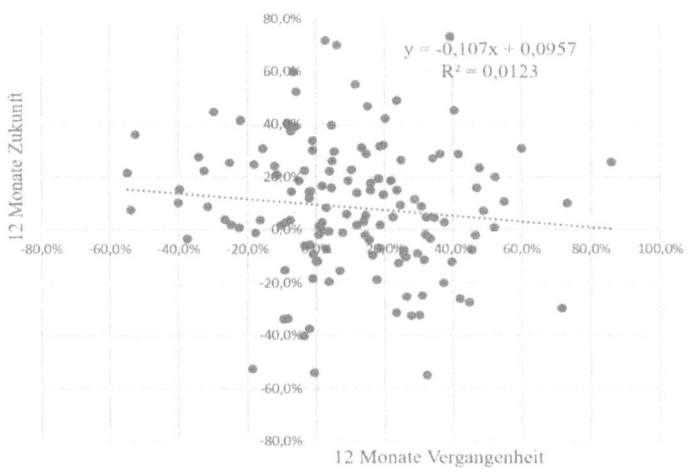

Abbildung 7: Zusammenhang Performance Vergangenheit und Zukunft im DAX

Das Bestimmtheitsmaß von $R^2 = 0{,}0123$ lässt auf eine sehr geringe Korrelation der untersuchten Größen schließen. Allerdings ist der Zusammenhang gegenteilig als von Levermann angenommen. Eine in der Vergangenheit hohe Performance führte eher zu geringerer Rendite in der Zukunft. Eine Betrachtung des Zusammenhangs in Zukunft bietet sich an. Sollte dieser in Zukunft weiterbestehen, so könnte der Anleger dies entsprechend ausnutzen und der Markt wäre schwach ineffizient.

Kapitel 3

**Performancevergleich von aktiv gemanagten
Fonds in ausgewählten Aktienmärkten**

3.1 Wirtschaftsregionen und ihre Unterteilung

Im Jahr 2005 wurde untersucht, ob ca. 30 Jahre nach der Effizienzmarkthypothese deren Aussagen Bestand haben. Dazu prüfte Malkiel die Performance von aktiv gemanagten Aktienfonds und kam zu dem Ergebnis, dass professionelle Investmentmanager nicht in der Lage sind den entsprechenden Benchmark zu schlagen und der Marktpreis der Wertpapiere alle Informationen beinhaltet. Im Folgenden sollen aktiv gemanagte Aktienfonds in verschiedenen Wirtschaftsregionen untersucht werden und überprüft werden, ob Malkiels Ergebnisse in Analyse von Daten ab 2014 bestätigt werden können.

Es existiert keine übereinstimmende Begriffsdefinition über die Merkmale verschiedener Wirtschaftsregionen. Oft wird die Unterteilung in Schwellenländer, Entwicklungsländer und Industrieländer vorgenommen. Entwicklungsländer, kennzeichnen sich durch einen geringeren materiellen Wohlstand im Vergleich zu westlichen Staaten, auch Industriestaaten genannt. Dabei sollte nicht nur der Vergleich, sondern auch die absolute Armut beachtet werden, die einen Zustand kennzeichnet, bei der die Menschen ihre Grundbedürfnisse nicht mehr befriedigen können. Ob in den betroffenen Ländern, wie in dem Namen enthalten, eine Entwicklung stattfindet, ist nicht grundsätzlich anzunehmen. Als Schwellenländer werden Länder bezeichnet, die sich im Vergleich zu Entwicklungsländern weiterentwickelt haben und sich oft in einem Strukturwandel von der Agrarwirtschaft zur Industriewirtschaft befinden. Das Wort Schwelle bedeutet, dass sich die Länder auf einer Schwelle auf dem Weg zum Industrieland befinden. Die Grenze ist nicht eindeutig definiert. Als sinnvoll erweist sich die Einteilung von Ländern nach Berücksichtigung des Human Development Index. Es berücksichtig neben dem Pro-Kopf Einkommen noch weitere Faktoren wie Bildung und Lebenserwartung. Der Human Development Index von 2017 lässt den Schluss zu, dass die Staaten in Europa besonders hochentwickelt sind.

Länder in beispielsweise Südamerika sind tiefer angesiedelt und eignen sich als Beispiel für Schwellen- bzw. Entwicklungsländer. Im Hinblick auf die Untersuchung der Markteffizienz ist ebenso der Anti-Korruptionsindex bemerkenswert. Es existiert keine übereinstimmende Begriffsdefinition für Korruption. Es leitet sich vom lateinischen „bestechen" bzw. „missbrauchen" ab und meint in der Praxis den Missbrauch einer Person von ihrer Macht zum privaten Vorteil. Die erste Form der Markteffizienz basiert grundsätzlich auf Korruption, da die Anwendung von Insiderwissen in dieser Definition enthalten ist. Es bestätigt sich eine Einteilung der Länder in verschiedene Wirtschaftsregionen, in europäischen

Staaten herrscht zum Beispiel weniger Korruption als in lateinamerikanischen Staaten.

3.2 INDUSTRIESTAATEN AM BEISPIEL EUROPA

Als Beispiel für einen Aktienmarkt in hochentwickelten Ländern eignet sich wegen den in 3.1 erläuterten Fakten der MSCI Europe. MSCI steht für „Morgan Stanley Capital International". Dieser Finanzdienstleister berechnet verschiedene Indizes. Der MSCI Europe sei das theoretische Marktportfolio des Eurolandes, d.h. aller Länder, die der Europäischen Währungsunion angehören. Zur Untersuchung der Effizienz dieser Wirtschaftsregion werden einige Annahmen getroffen. Wie bereits diskutiert sollte es einem Marktteilnehmer im effizienten Markt nicht möglich sein, den MSCI Europe Index nachhaltig zu schlagen.

Über die Fondssuche der comdirect-Bank sollen aktiv gemanagte Aktienfonds gefiltert werden, die sich auf den MSCI Europa als Vergleichsmaßstab beziehen. Ihre Performance soll verglichen und diskutiert werden. Um die Kosteneffekte des Managements auf die Performance in den Daten zu minimieren, werden nur Fonds mit einem Volumen von mindestens 10 Millionen Euro analysiert. Währungseffekte sollen nicht berücksichtigt werden und deshalb werden nur Fonds in der Währung Euro betrachtet. Im Folgenden ist die 5-Jahres Performance von 153 aktiv gemanagten

Aktienfonds auf den MSCI Europe in 5% Intervallen dargestellt. Stand der Daten sind die Schlusskurse vom 09. April 2019.

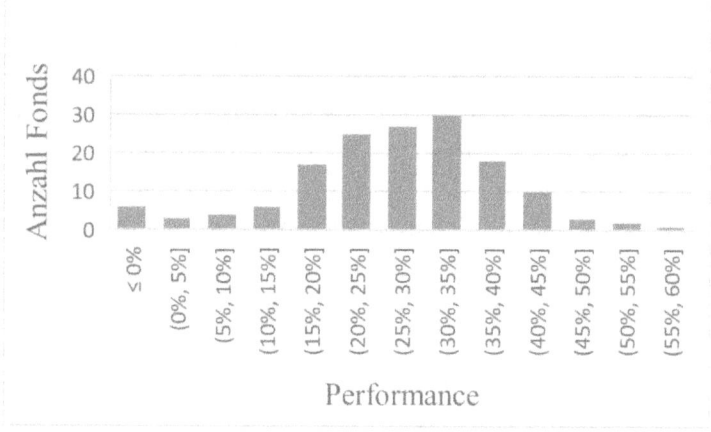

Abbildung 8: Auftretenshäufigkeit verschiedener Fonds auf MSCI Europa in 5% Performanceintervallen

Der Vergleichsindex konnte im selben Zeitraum eine Performance von 35% erzielen. Bemerkenswert ist, dass der Mittelwert aller Fonds mit 26,48% darunter liegt. Hätte also ein Anleger zufällig einen dieser Fonds ausgewählt, so wäre der Erwartungswert seiner Rendite geringer gewesen. Jährlich und verzinst würden alle Fonds zusammen ca. 1,3% schlechter abschneiden, als der Vergleichsindex. Bemerkenswert ist, dass nur 34 von 153 Fonds besser abschneiden konnten, das entspricht ca. 22% und liegt nahe an Malkiels Untersuchung der 10-Jahres Performance von aktiv gemanagten Aktienfonds auf den

MSCI Europa zum 31.12.2002. Seine Untersuchung ergab, dass 16% aller Fonds besser abschnitten. Die Standardabweichung von ca. 12% zeigt jedoch, dass es durchaus aktiv gemanagte Fonds gibt, die den Markt schlagen konnten. In Abb. 5 ist zu sehen, dass deren Auftreten mit zunehmender Outperformance abnimmt. Es stellt sich die Frage, ob die Fonds, die besser als der Mittelwert bzw. als der MSCI Europe abschneiden nachhaltig von einem möglicherweise ineffizienten Markt profitieren, oder ob deren Ergebnis zufällig ist. Zur Untersuchung der Zufälligkeit des Erfolges wird folgende Annahme getroffen. Ein Anleger hätte vor einem Jahr die die 4-Jahres Performance der betrachteten aktiv gemanagten Fonds betrachtet.

Würde die Strategie eines Fondsmanagers nachhaltig den Markt übertreffen können, so sollte die erzielte Performance auch nachfolgend Erfolg haben und es sollte ein Zusammenhang zur Performance des letzten Jahres existieren. Es wäre ein Hinweis auf einen ineffizienten Markt, da die nicht näher betrachteten Strategien der jeweiligen Fondsmanager Informationen ausnutzen würden, die nicht eingepreist sind.

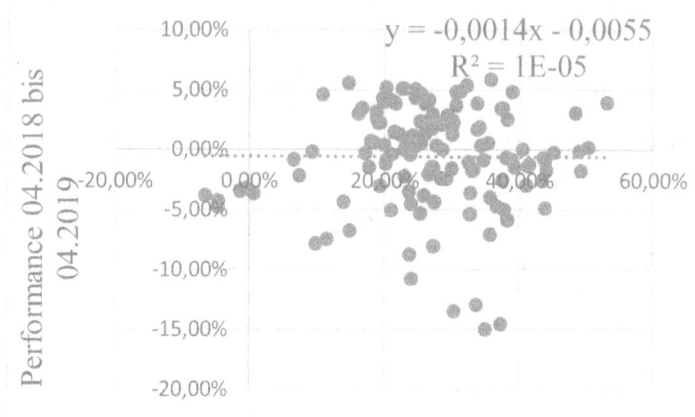

Abbildung 9: Zusammenhang Performance Vergangenheit und Zukunft verschiedener Fonds auf MSCI Europa

Der Zusammenhang wurde wie in 2.3. mit einer Pearson-Korrelationsanalyse berechnet. Das Bestimmtheitsmaß von annähernd null lässt also darauf schließen, dass die outperformenden aktiv gemangten Fonds aus Abb. 5 zufällige Ereignisse sind. Aus vergangenem Erfolg der Strategien ließ sich zum Zeitpunkt der Überprüfung kein Zusammenhang zum Erfolg im folgenden Jahr herstellen. Die Ergebnisse der getroffenen Annahmen deuten darauf hin, dass Europa einen halbstark effizienten Aktienmarkt hat. Malkiels Ergebnisse können bestätigt werden.

3.3 Schwellenländer am Beispiel Lateinamerika

Wegen den in 3.1 erläuterten Fakten eignet sich Lateinamerika als Beispiel für einen Aktienmarkt in Schwellenländern. Die Annahmen aus 3.2. werden entsprechend angepasst. Es wird nun als Marktportfolio der Index MSCI EM Latin America angenommen. Um die Wirkung möglicher Währungseffekte zu vereinheitlichen, wurden nur Fonds in der Währung US-Dollar analysiert. Die Daten basieren auf den Schlusskursen vom 10. April 2019. Die Summe der untersuchten Fonds beträgt 53.

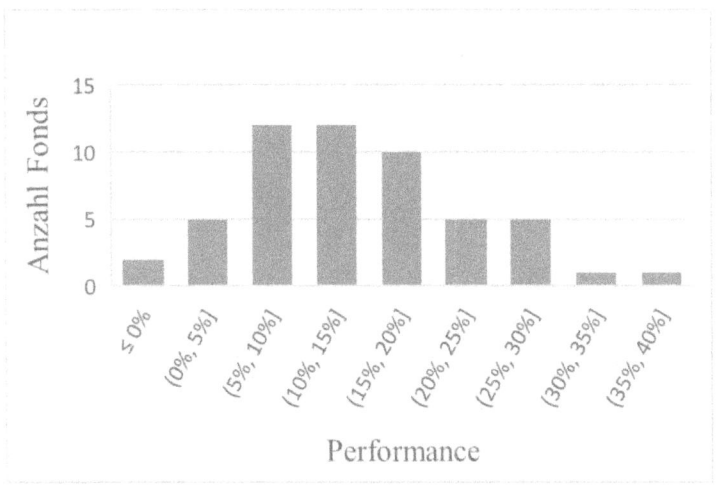

Abbildung 10: Auftretenshäufigkeit verschiedener Fonds auf MSCI EM Latin America in 5% Performanceintervallen

Der Mittelwert der Performance aller untersuchten Fonds beträgt in 5 Jahren 14,29% und ist damit größer als die Performance des MSCI EM Latin America, die bei 12,47% liegt. Die Standardabweichung ist mit ca. 9% geringer als bei der Untersuchung des europäischen Marktes. Daraus lässt sich schlossfolgern, dass die untersuchten Fonds weniger in ihrer Performance variieren, als bei der Untersuchung des MSCI Europe. Überperformende Fonds sind also ein selteneres Ereignis. Es stellt sich die Frage, ob diese erfolgreichen Fonds nachhaltig besser abschneiden. Das wäre ein Hinweis auf ineffizienten Markt. Im Folgenden ist wie in 4.1. dargestellt, ob es einen Zusammenhang zwischen der 4-Jahres Performance, überprüft vor einem Jahr, und der darauffolgenden 1-Jahres Performance gegeben hättet.

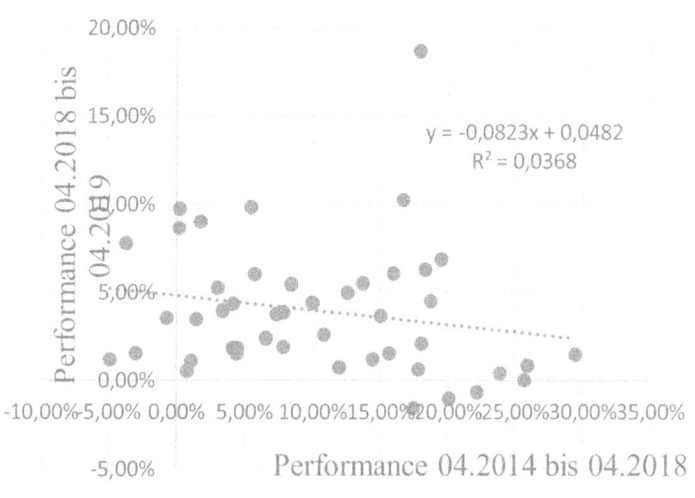

Abbildung 11: Zusammenhang Performance Vergangenheit und Zukunft verschiedener Fonds auf MSCI EM Latin America

Die sehr kleine Korrelation mit einem Bestimmtheitsmaß R^2 von nur 0,0368 ist im Hinblick auf die geringere Datenmenge kritisch zu betrachten. Der Zusammenhang scheint wegen der negativen Steigung der Korrelationsgerade leicht invers zu sein. Aus dem Erfolg der seltener als der in Europa investierenden auftretenden überperformenden aktiv gemanagten Fonds, gemessen an der 4-Jahres Performance, ließ sich am 10.04.2018 kein Zusammenhang zum Erfolg im folgenden Jahr herstellen, eher noch scheint eine Überperformance in geringem Maße eine zukünftige Underperformance erwarten zu lassen. Der vergangene Erfolg aktive gemanagter Fonds ließ sich als Gesamtmenge betrachtet nicht wiederholen. Es lässt sich kein Hinweis auf einen ineffizienten Markt ableiten. Malkiels Ergebnisse können bestätigt werden.

Kapitel 4

Methodenkritik am Beispiel Berkshire Hathaway

Als Argument gegen einen global effizienten Aktienmarkt wird der Erfolg von Warren Buffets Beteiligungsgesellschaft Berkshire Hathaway genannt. Sein Anlagestil ermöglichte es den Markt 40 Jahre zu übertreffen und könne nicht als statistische Anomalie angesehen werden. Warren Buffetts Strategie wurde in den Märkten Australien, USA und Kanada untersucht. Beispielsweise korreliert der durchschnittliche Unternehmensgewinn von 5 Jahren von 1996 bis 2000 positiv mit dem durchschnittlichen Unternehmensgewinn der Jahre 1991 bis 1995. Es wurde darauf aufbauend eine komplexe Methodik entwickelt, die den S&P 100 Index von 1993 bis 2003 rückwirkend übertreffen konnte.

"These include things like a high and consistent return on equity, low debt levels, and secure quick and current ratios. It also includes consistent growth in sales and earnings. Other quantitative criteria are based on formulas involving historical growth, PE ratios and dividend payout ratios."

Da die Beteiligungsgesellschaft global agiert, soll der MSCI World als Benchmark genutzt werden. Die Performance von Berkshire Hathaway konnte auch von 2003 bis April 2019 den Markt übertreffen. Dabei ist zu beachten, dass die Bewertung einer Überperformance nur in Bezug auf einen gewählten Zeitraum erfolgen kann. Hätte die Bewertung zum

Beispiel 2006 oder Ende 2015 stattgefunden, so hätte die Aktie den MSCI World underperformt.

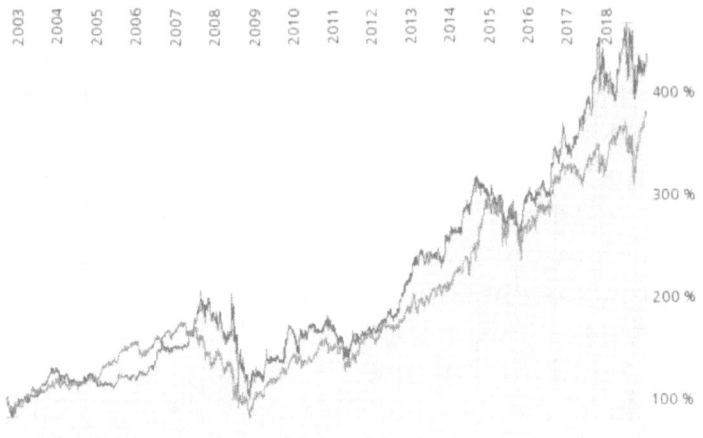

Abbildung 12: Performance Berkshire Hathaway A im Vergleich mit MSCI World (rot)

Die Untersuchung der Markteffizienz hängt vom Zeitraum der Betrachtung ab. Da sich der Markt nach Fama schnell an neue Information anpasst stellt sich die Frage, wie schnell dies geschieht. Die Messung des Erfolges eines Investmentansatzes kann deswegen nur die Aussage generieren, ob der Markt ineffizient war, nicht dass er ineffizient ist. Die zeitlichen Annahmen bei den untersuchten Anlageinstrumenten der Arbeit agieren möglicherweise in zu kurzen oder zu langen Zeiträumen, um mehr Hinweise auf einen ineffizienten Markt zu erhalten. Die Aussagekraft ist nur auf die entsprechenden Zeitperioden beschränkt. Es ist möglich nachträglich gezielt Methoden zu entwickeln, die auf Untersuchungen und erkannten Korrelationen in der Vergangenheit beruhen. Damit hat die Nutzung der daraus entwickelten Anlagestrategie nachträglich Erfolg aber muss stets in der Zukunft untersucht werden. Der Beweis eines kausalen Zusammenhangs zwischen dem Erfolg eines einzelnen Anlageinstruments, wie dem Kalendereffekt nach Gebert, müsste erfolgen, um eine Zufälligkeit auszuschließen und der beobachtete Effekt wäre dann ein stärkeres Argument für eine vergangene Martineffizienz.

Kapitel 5

Fazit

Es wurde deutlich, dass verschiedene Investmentstrategien und Methoden bei der Anlage im Aktienmarkt angewandt werden. Dabei werden unterschiedliche und teils widersprüchliche Annahmen und Überlegungen getroffen. Zur Messung des Erfolges eines Investmentansatzes wurden einige Thesen aus den aus mehreren Teilen bestehenden Strategien von Susanne Levermann und Thomas Gebert untersucht. Dabei wurden anhand von Korrelationsanalysen oder Kursbetrachtung in Abhängigkeit von zeitlichen oder wirtschaftlichen Ereignissen Rückschlüsse auf eine mögliche Marktineffizienz getroffen. Die Arbeit untersucht keine Insidertrades und bezieht sich deswegen nur auf die halbstarke bzw. schwache Effizienz.

Die Erfolge der Anlageinstrumente wurden in verschiedenen Zeiträumen gemessen. Der Markt, den der DAX abbildet, scheint in den betrachteten Zeitabschnitten grundsätzlich effizient gewesen zu sein. Es gibt Hinweise auf mögliche Ineffizienzen in der Vergangenheit, die sich aber abgeschwächt haben. Dazu zählen Kalendereffekte. Außerdem konnte ein leichter inverser Zusammenhang bei der Betrachtung der vergangenen und zukünftigen Jahresperformance entdeckt werden. Der Beweis eines kausalen Zusammenhangs sowie eine Untersuchung auf schwache Ineffizienz bieten sich an. Die Betrachtung des Leitzinses und dessen Zusammenhang zur DAX-Performance sollte im Hinblick auf die halbstarke

Form der Effizienz ebenso weiterhin analysiert werden. Der europäische Aktienmarkt wurde anhand von der Performance von aktiv gemanagten Fonds, die sich am MSCI Europe orientieren, auf seine Effizienz untersucht. Die nicht näher bekannten Strategien der Fondsmanager führten im Mittel zu keiner Überrendite. Es lässt sich im untersuchten Zeitraum und unter getroffenen Annahmen kein Zusammenhang zwischen vergangener und zukünftiger Kursperformance herstellen und es lässt sich auf einen halbstark effizienten Markt schließen. Mit dem gleichen Ansatz wurde der Lateinamerikanische Aktienmarkt auf seine Effizienz geprüft.

Auch dieser Markt, gemessen am MSCI EM Latin America, konnte von den Fondsmanagern nicht überperformt werden, ohne dass ein Zufall auszuschließen ist. Es lässt sich auf einen halbstark effizienten Markt schließen. Am Beispiel der Aktie Berkshire Hathaway wird deutlich, dass die Messung der Effizienz anhand einer Überperformance immer von den untersuchten Zeiträumen abhängt und die Beurteilung einer Effizienz mit der Methodik dieser Arbeit nur rückwirkend getroffen werden kann. Es existierten Methoden, um durch gezielte Auswahl von Aktien den Markt zu schlagen. Ob diese Strategien weiterhin Erfolg haben, lässt sich daraus nicht ableiten.

Aktie

Eine Aktie ist eine Beteiligung an einem Unternehmen. Anders als ein Festgeld bei der Bank kann man sie zu den Sachanlagen zählen, ähnlich wie ein Haus. Zwar kann man eine Aktie nicht anfassen, sie hat aber rechtlich einen ähnlichen Status. Aktien werfen oft, ähnlich wie eine Immobilie, Erträge ab. Diese werden aber nicht „Miete", sondern „Dividenden" genannt. Steuerlich haben Aktien Vorteile, da Kapitalerträge maximal mit ca. 25% versteuert werden. Der Begriff ist oft negativ behaftet, ist aber gleichbedeutend als ob sie sagen, dass Ihnen ein Teil eines Familienbetriebes gehört.

Nur die Rechtsform ist eine andere. Und sie können sogar Immobilien erwerben, ohne in einem Grundbuch zu stehen: Durch den Erwerb von Aktien von Immobilienunternehmen. Ihnen gehört dann nicht ein Haus, sondern ein minimaler Anteil an hunderttausenden von Häusern. Sie werden nun sagen: ein Haus schwankt nicht so stark im Wert, wie eine Aktie. Das ist ein Trugschluss. Den Preis einer Aktie kann man täglich an der Börse feststellen, deswegen sehen Sie die Schwankung. Theoretisch passiert das mit ihrem Haus auch, sie erfragen nur nicht täglich den

Preis und lassen Menschen darum bieten. Sie könnten in dem Fall auch Charts, die typischen Auf- und Ablinien des Preises aufzeichnen.

Analysten

Analysten sind die Experten der Finanzbranche, die in verschiedenen Medien ihre Meinung zur Preisentwicklung von Aktien angeben und Empfehlungen aussprechen. Dabei nutzen sie unterschiedlichste Instrumente, die Bestandteil dieses Buches sind. Die Qualität der Informationen sollte besonders kritisch überprüft werden, weil oft kommerzielle Interessen die Neutralität gefährden. Anhand der Masse von Analystenmeinungen werden Durchschnitte gebildet, um deren gesamtheitliche Stimmung abzubilden. Banken beschäftigen oft Analysten und diese geben dann Kursziele aus. Vorsicht! Auf welchen Zeitraum bezieht sich dieses Ziel? Ich sehe den Berufsstand kritisch, andererseits halten die Analysten durch ihre Masse den Markt effizient, die Zusammenhänge sind im Hauptteil erläutert.

Benchmark

Das englische Wort für Maßstab macht in der Finanzbranche den Erfolg von Anlagestrategien deutlich. Oft ist ein Benchmark ein Index wie der DAX. Bezieht sich ein Fondsmanager bei seiner Strategie auf den DAX, so ist sein Erfolg anhand seiner Performance messbar.

Bestimmtheitsmaß

Ist eine statistische Größe basierend auf der Quadratsummenzerlegung. Sie eignet sich zur Verdeutlichung des Zusammenhangs verschiedener Größen. Ein Bestimmtheitsmaß von 1 bedeutet: perfekter Zusammenhang. Beispielsweise: Ihre Sparbuchgröße im Verhältnis zu den daraus gewonnenen Zinsen (wenn es denn welche gäbe). Bei einem Bestimmtheitsmaß von 0 tritt bei überhaupt keinem Zusammenhang auf und ist das exakte Gegenteil. Beispielsweise die erste Stelle Ihrer Kontonummer im Zusammenhang mit der Rendite Ihrer Anlagen. Ich möchte Sie nicht weiter mit der Mathematik dahinter quälen, Wikipedia bietet Ihnen bei Bedarf eine gute Herleitung und Erklärung.

Beteiligungsgesellschaft

Eine Beteiligungsgesellschaft ist ein Unternehmen, das physisch keine realen Güter produziert. Es hält Kapitalbeteiligung an anderen „normalen" Unternehmen. Im Prinzip macht eine Beteiligungsgesellschaft nichts anderes als Sie als Privatanleger. Durch die enorme Größe und Wirtschaftskraft dieser Konstrukte agieren einige Beteiligungsgesellschafen als Rückversicherer. Sie bieten Versicherungen Versicherungen an. Das ist keine unbeabsichtigte Wortwiederholung. Sie können Miteigentümer an solchen Gesellschaften werden und halten dann indirekt ebenso die Firmenanteile, wie diese Unternehmen. Beispiel: Ihnen gehört 0,0000001% von Berkshire Hathaway und diese Beteiligungs-AG hält 10% an Coca Cola. Also gehört Ihnen 0,0000001% * 10% von Coca Cola.

Bilanz

Eine Bilanz ist ein grundlegendes System in der weltlichen Wirtschaft. Vereinfach gesagt rechnet man allen seiner Vermögens- und Schuldenwerte (Mittelverwendung) die Finanzierung entgegen (Mittelherkunft), dazu gehört Fremd- und Eigenkapital. Für uns als

Privatanleger ist wichtig zu wissen, dass unsere Aktien zum Eigenkapital gehören. Sie sind Anteilseigner eines Unternehmens und nicht dessen Gläubiger.

DAX

Der DAX ist der deutsche Leitindex und Benchmark für viele Fondsmanager. Er repräsentiert 80% der Marktkapitalisierung des deutschen Anlageuniversums. Aus 30 deutschen Unternehmen wird ein Mix gebildet, dabei werden die Aktien unterschiedlich gewichtet. Maßgebend ist der Wert der frei handelbaren Aktien. So stellt zum Beispiel das Softwareunternehmen SAP mit 10% einen bedeutenden Anteil am DAX.

Diskontzinssatzes

Ist ein geldpolitisches Instrument, bei dem sich Geschäftsbanken kurzfristig Geld beschaffen können. Dabei zahlen sie Zinsen. Je weniger Zinsen sie zahlen, desto billiger ist es für die Banken Geld in den Wirtschaftskreislauf zu bringen. Früher war die Bundesbank, heute ist die Europäische Zentralbank dafür verantwortlich. Oft wird der Begriff „Leitzins" simultan verwendet. Welche Auswirkungen hat das für uns als Privatanleger? Aktuell sind wir in einer Niedrigzinsphase. Geld wird in das System gepumpt und das führt zur Inflation. Auf der anderen Seite sind die Zinsen niedrig. Man will den Konsum und die Investitionen anheizen. Spiel man nicht mit, wird man schleichend durch Kaufkraftverlust enteignet.

Elastizität

Bezeichnet in der Wirtschaftswissenschaft die Veränderung der Nachfrage durch die Veränderung des Preises. Streichhölzer und Benzin sind beispielsweise sehr unelastisch, es wird unabhängig vom Preis durchweg gleichbleibend gekauft. Autos sind dagegen sehr elastisch: Beispielsweise Neuwagen oder Fernseher.

ETF

Nochmal in anderen Worten: stellen Sie sich einen ETF wie einen Autopiloten der Geldanlage vor. Ein Computer könnte die Arbeit erledigen. Er kauft einfach stumpf Aktienanteile in der jeweiligen Indexzusammensetzung. Der Vorteil besteht in oft geringen laufenden Kosten als Vergütung für die Fondsgesellschaften, die die Abwicklung organisieren. Nach dem Investmentsteuerreformgesetzt sehe ich ETF kritisch, da die Besteuerung Ihrer Erträge intransparent und im Vorfeld passiert. Im Prinzip können Sie das, was ein ETF macht auch selbst mit direktem Investment. An Aktienbesitz bzw. unternehmerisches Eigentum kommt der Gesetzgeber schwieriger ran. Benachteiligende Steuerkonstrukte sind für die Rechtsform Aktie schwieriger zu entwerfen, man müsste Großbesitzer und Eigentümerfamilien massiv besteuern, diese müssten dafür Liquidität besorgen und müssten dafür wiederrum ihre Aktien verkaufen. Die Wirtschaft würde geschädigt werden, da langfristig Produktivkapital unattraktiver werden würden. Meine Gedanken deswegen: lieber direkt in die Wirtschaft investieren als in Bankprodukte, die nichts anderes tun. Sie bezahlen ja auch niemanden, der für Sie einkaufen geht.

First in, First Out

Sie können als Unternehmen selbst entscheiden, mit welchem Wert Sie Ihren Lagerbestand bestimmen. Das ist deswegen schwierig, weil Preise schwanken können und wenn stets Neuware bestellt wird aber auch stets Entnahmen passieren, stellt sich die Frage wie der Gesamtwert Ihres Lagers ist. Je nach Preisentwicklung berechnet das Unternehmen im „FIFO" Verfahren das, was zuerst ins Lager fließt als das, was auch zuerst abgeht. Was will ich damit sagen? Das Unternehmen kann seinen Bestandswert und Verkaufspreis und damit seinen Gewinn durch einfach Tricks manipulieren. Das hat oft steuerliche Hintergründe.

Fonds

Fonds sind eine Form der Kapitalanlage, bei der sogenannten Fondsmanager die gebündelte Finanzkraft vieler Anleger verwalten. Man kann sich, wie Anteile an Unternehmen, Anteile an Fonds erwerben und partizipiert an deren Entwicklung und erhält Ausschüttungen von diesen. Diese Leistung ist nicht kostenlos und man bezahlt der Fondsgesellschaft sowohl einen Ausgabeaufschlag (eine Einmalgebühr), als auch eine Verwaltungsvergütung.

Das sind laufende Kosten. Zusammenfassend kann man sagen, dass Fonds eine sehr teure Form der Kapitalanlage sind. Man lagert das Problem aus und überlässt anderen die Kontrolle über sein Geld. Dabei ist die Eigenverantwortliche Geldanlage nicht so schwierig! Ich sehe deswegen Fonds kritisch. Mehr dazu im Hauptteil des Buches.

Index

Ein Index ist eine geglättete Durchschnitts-
entwicklung verschiedener Aktien, ohne das
sie wirtschaftlich direkt miteinander verknüpft sind. Der DAX ist zum Beispiel ein Index und es existieren viele weitere. Ein besonders großer und weltweit abbildender Index
ist der MSCI World, der weltweit über 1.600
Aktien aus 23 Industrieländern beinhaltet.

Indikator

Indikatoren sind Instrumente, die versuchen
Aussagen über Wertpapiere zu generieren.
Dabei gibt es verschiedenste Indikatoren, die
zum einem auf der Bilanz eines Unternehmens basieren oder aber sich nur auf die reine
Preisentwicklung in der Vergangenheit beziehen. Wegen diesen unterschiedlichen Ansätzen gibt es sogenannte fundamentale und
technische Indikatoren, mehr dazu im Hauptteil des Buches.

Insiderwissen

Unter Insiderwissen versteht man den Wert-
papierhandel von Personen, die verantwor-

tungsvolle Positionen im Unternehmen inne-
haben. Durch ihre Posten gelangen sie an Informationen, die der Öffentlichkeit nicht zu-
gänglich sind. Sie können beispielsweise vor
einem relevanten und schädigenden Ge-
schäftsereignisses Aktien der entsprechenden
Gesellschaft verkaufen und haben somit ge-
genüber normalen Marktteilnehmern einen
unfairen Vorteil. Insiderhandel ist verboten.

Kennzahl

Kennzahlen sind ähnlichen den Indikatoren, beziehen sich aber meist auf fundamentale Informationen.

Korrelation

Korrelation ist ein Begriff aus der Statistik und ist ein anderes Wort für „Zusammenhang oder „wechselseitige Beziehung". Siehe dazu auch zum Begriff Bestimmtheitsmaß, welches versucht Korrelationen zu erkennen. Sollte eine Kennzahl und die Rendite einer Aktie korrelieren bedeutet das, dass sie den Erfolg einer Aktie in Zukunft daraus ableiten können und mit dieser Kennzahl bzw. diesem Indikator Geld verdienen können.

Marktteilnehmer

Ein Marktteilnehmer ist im Zusammenhang dieses Buches ein Mensch, der Aktien kauft. Unabhängig von der Größe Ihrer Transaktionen sind Sie ein Marktteilnehmer. Durch Angebot und Nachfrage wird der Preis einer Aktie an der Börse ermittelt. Dabei agieren sowohl institutionelle Großanleger als auch Sie mit Kleinstbeträgen und treffen aufeinander. Wie auf Ihrem Wochenmarkt, bei dem Obst und Gemüse gehandelt wird, so funktioniert auch die Börse im virtuellen Sinne. Möchte niemand Obst kaufen, so sinkt der Preis. Das gleiche passiert mit Aktien. Keine Nachfrage führt zu immer niedrigeren Preisen der Anbieter (Verkäufer) von Aktien.

Portfolio

Ein Portfolio ist die individuelle Zusammenstellung von Aktien. Kaufen Sie beispielsweise 2 Aktien in gleicher Höhe, dann ist Ihr Portfolio nicht stark gestreut und besteht aus 50% Aktie A und 50% Aktie B. Ein ausreichend gestreutes Portfolio beginnt ab 20 Positionen. Der typische deutsche Anleger hat viel zu wenig Aktien. Lesen Sie im Buch den Abschnitt Portfoliotheorie für weitere Informationen.

Rendite

Die Rendite ist der erreichte Wertgewinn einer Aktie, der Begriff ist gleichbedeutend mit „Anlageerfolg". Dabei sollte die ausgeschüttete Dividende als auch der Kurszuwachs berücksichtigt werden. Die Rendite wird oft in Prozent angegeben und bezieht sich auf den Zeitraum eines Jahres.

Risiko

Das Risiko einer Aktie wird versucht über die mathematische Kennzahl Standardabweichung zu messen, oder der Begriff „Volatilität" taucht in diesem Zusammenhang auf.
Vereinfacht gesagt kann man davon ausgehen, dass eine Aktie, die in einem gewissen Zeitraum einen größeren Abstand zwischen Hochs- und Tiefs hat ein höheres Risiko aufweist. Dabei beziehen sich solche Aussagen und Formulierungen auch auf Fonds und andere Finanzkonstrukte.

Überperformance

Eine Überperformance ist ein Begriff, der Wertpapiere oder Indizes miteinander vergleicht. Hat man beispielsweise mit seinem Portfolio im letzten Jahr 20% Gewinn erzielt und der DAX erreichte ein Plus von 15%, so spricht man von 5% Überperformance.

Umsätze

Umsätze sind die Summe von Käufen und Verkäufen, die an Börsen getätigt werden. Im Hinblick auf die Unternehmen sind sie der Gewinn plus Kosten. Das prozentuale Verhältnis von Umsatz und Gewinn nennt man Marge.

Zertifikat

Zertifikate sind komplexe Konstrukte, die Banken auflegen um Wertentwicklungen von verschiedenen Dingen abzubilden. Dabei gibt es Zertifikate auf die exotischsten Dinge. Mein Tipp: lassen Sie die Finger von solchen Produkten. Sie wurden geschaffen um Privatanleger abzuzocken. Eigentlich sind es Schuldverschreibungen dieser Banken, die an Bedingungen gekoppelt sind. Andere Interessenten verdienen hier mit und sie sind nicht direkt an der Wirtschaft beteiligt, sondern spielen Casino.

QUELLENNACHWEIS

Aders, C. (1998). Unternehmensbewertung bei Preisinstabilität und Inflation. Frankfurt am Main: Peter Lang - Verlag.

BerkshireHathaway. (2019). o.T.

Bessler, W., & Lückoff, P. (2007). Performancemaße und Performancemessung. In Knapp, Enzyklopädisches Lexikon für das Geld-, Bank- und Börsenwesen. Frankfurt.

Born, K. (2003). Unternehmensanalyse und Unternehmensbewertung. Stuttgart: Schäffer-Poeschel.

Braun, A. (2017). "Leise", der Trading-Star. URL: https://boerse.ard.de/anlagestrategie/social-trading/leise-der-trading-star100.html , 08.03.2019.

Braun, A. (2017). Das Levermann-Prinzip. URL: https://boerse.ard.de/anlagestrategie/geldanlage/das-levermann-prinzip100.html , 07.03.2019.

Bruns, C., & Meyer-Bullerdiek, F. (2008). Professionelles Portfoliomanagement. Stuttgart: Schäffer Poeschel.

Clement, R., Terlau, W., & Kiy, M. (2013). Angewandte Makroökonomie. München: Verlag Franz Vahlen.

Fama, E. (1970). Efficient Capital Markets: A Review of Theory and Empirical Work. The Journal of Finance.

Fama, E. (1991). Efficient Capital Markets: II. Journal of Finance.

Fama, E., Fisher, L., Jensen, M., & Roll, R. (1969). The Adjustment of Stock Prices to New Information. Butterworth Heinemann.

Glöcken, K.-W., & Schulte, U. (1990). Fundamentale Aktienanalyse: die Praxis deutscher Kreditinstitute. Bergisch Gladbach.

Grimme, C., & Thürwächter, C. (2015). Der Einfluss des Wechselkurses auf den deutschen Export – Simulationen mit Fehlerkorrekturmodellen. München: ifo Institut - Leibniz-Institut für Wirtschaftsforschung an der Universität München.

Grossmann, S., & Stiglitz, J. (1980). On the Impossibility of Informationally Efficient Markets. The American Economic Review.

Handelsgesetzbuch. (2019).

Hemmer, H.-R. (2008). Wirtschaftsprobleme der Entwicklungsländer. München: Verlag Wahlen.

Horntrich, M. (2018). Gebert-Börsenindikator September. URL: https://www.gebert-brief.de/start.htm#paginate-2 , 18.03.2019. Investmentgesetz. (2019).

Janßen, B., & Rudolph, B. (1992). Der Deutsche Aktienindex DAX : Konstruktion und Anwendungsmöglichkeiten. Frankfurt am Main: Knapp Verlag.

Kommer, G. (2018). Souverän investieren mit Indexfonds und ETFs. Frankfurt am Main: Campus-Verlag.

Kovacevic, M., Assa, J., Bonini, A., Calderon, C., Hsu, Y.-C., & Lengfelder, C. (2018). Human Development Indicators and Indices: 2018 Statistical Update Team. URL: http://hdr.undp.org/sites/default/files/2018_human_development_statistical_update.pdf , 02.04.2019.

Lamprecht, C. (2010). Exchange Traded Funds (ETFs). Hamburg: Diplomica Verlag.
Malkiel, B. (2005). Reflections on the Efficient Market Hypothesis: 30 Years Later. The Financial Review.

Markowitz, H. (1952). The Journal of Finance. Portfolio Selection.

Markowitz, H. (1991). Foundations of Portfolio Theory. The Journal of Finance.

Meier, G., & Rauch, J. (2005). Leading Issues in Economic Development. Oxford: Oxford University Press.

Murphy, J. (2011). Technische Analyse der Finanzmärkte. München: FinanzBuch Verlag.
o.V. (2006). Börsenindikator-Zertifikat: Gute Idee, teure Umsetzung. URL: https://www.faz.net/aktuell/finanzen/fonds-mehr/strukturierte-produkte-boersenindikator-zertifikat-gute-idee-teure-umsetzung-1382846.html , 19.03.2019.

Paulus, H. (1997). Style-Investing auf europäischen Aktienmärkten. Bad Soden/Ts.: Uhlenbruch Verlag.

Price, J., & Kelly, E. (2004). Warren Buffett: Investment Genius or Statistical Anomaly? Keynote paper presented to the First International Workshop on Intelligent Finance.

Rappaport, A., & Klien, W. (1998). Shareholder Value. Stuttgart: Schäffer-Poeschel.

Redwitz, C. (2013). Korruption als wirtschaftliche Handlung. Wiesbaden: Springer Gabler.
Salm, C., & Siemkes, J. (2009). Persistenz von Kalenderanomalien am deutschen Aktienmarkt. Finanz-Betrieb.

Samuelson, P. (1965). Proof That Properly Anticipated Prices Fluctuate Randomly. Industrial Management Review.

Schnittke, J. (1989). Überrenditeeffekte am deutschen Aktienmarkt. Köln: Müller Botermann.

Sharpe, W. (1964). Capital Asset Prices. The Journal of Finance.

Siebert, L. (2003). Einführung in die Volkswirtschaftslehre. Stuttgart: W.Kohlhammer Verlag.

Spremann, K. (2008). Portfoliomanagement. München: Oldenbourg-Verlag.
Steiner, M., & Bruns, C. (2007). Wertpapiermanagement. Stuttgart: Schäffer-Poeschel.
Transparency-International-Deutschland. (2019). CPI Ranking 2017. URL: https://www.transparency.de/cpi/cpi-2017/cpi-ranking-2017/ , 05.04.2019.

Wiesner, A. (2008). Exchange Traded Funds in Deutschland und Effekte der europäischen Finanzmarktintegration. Hamburg: Verlag Dr. Kovac.

http://www.boerse-frankfurt.de/

https://www.comdirect.de/

ÜBER DEN AUTOR

Mein Name ist Jan-Phillip Aubing, Autor von "Vorsicht Aktien und ich hoffe, dass Sie mit meiner Arbeit zufrieden sind. Kritik ist Teil des Lernens, des besser Werdens und des Erfolges. Ich verstehe diese als Anregung mich stätig zu verbessern. Deswegen unterstützen Sie mich bitte durch Ihre Anregungen und konstruktive Kritik. Nehmen Sie sich bitte fünf Minuten Zeit und bewerten Sie mein Buch. Vielen Dank!